첫 버스 머문 자리

첫 버스 머문 자리

●

강보철 시집

그루

시인의 편지

싸매두었던 조각보를 풀어
꼭꼭 숨겨 놓은 추억 하나둘
머문 자리의 기억을 시작해 본다

IMF 풍파 속에 그냥 주저앉은 2000년, 사업에 실패하고
힘들어하는 가족 곁에서 무기력한 모습으로 보내던 몇 달
아니다 무엇이라도 하자
나에게는 다독여 주는 가족이 있다
나를 버리면 안 되겠다, 잊자
무엇이라도 하자고 발을 들여놓은 곳은 식품공장 생산직
24시간 쉼 없이 돌아가는 기계
주야간 맞교대로 잊어보려고 혹사하는 몸
어제의 나를 버리고 새로운 나로 거듭나자
흔들리지도 포기하지도 말고
다시,
나의 시간을 걷자.

이 시대
슬퍼서 살아야 했고 슬퍼도 살아가야 하는 우리들
공정과 공평을 탓하지 말고
쉽게 얻을 수 있겠다는 생각은 버리자
출발선이 다르다고 변명과 핑계로 버티지 말고
그래, 다시 시작하자
후회도 미련도 다 잊고
내 책임 내 판단으로

코로나19가 할퀴고 지난 자리 남겨진 상처
흉터 남지 않고 치유되길 바라며
첫 버스에 설렘과 두려움 가득 싣고,
알 수 없는 저곳으로…

2023년 6월

강 보 철

차례

시인의 편지   4

1 숨,

삶과 현실	12
숨만큼만	14
해루질	16
오월 바람	17
숨	18
내가 나를 모를 때	20
애월涯月	22
헌책, 말을 걸다	24

2 첫 버스

늙은 탄부炭夫의 봄	26
나의 봄	28
술참	29
첫 버스	30
봄날	32
잃어버린 시간	33
우리 다시	34
새싹	36

3 지게

아지매	38
몽당연필	39
지게	40
당신의 이름은	42
힘들 땐	44
그래도	46
시간이 되었구나	48
오지奧地 여행	50
낑낑 앓아본 사람은 안다	52

4 산딸기

황태 계곡	54
몸부림	56
지금은 그냥	57
네가 머문 술잔	58
짓밟힌 매미의 꿈	60
산딸기	61
누가 연어를 보았는가	62

5 길에게 길을 묻다

서울살이	65
힘들지	67
홀로서기	69
둥근 상	71
새벽 4시	73
잘 있겠지	75
지금부터다	77

6 헐렁해서 좋은 날

비 그리고 나	80
살아온 길인데	82
가을비, 재즈 속으로	84
훨훨, 빗속을	85
그대가 있어	86
친구여	88
헐렁해서 좋은 날	89
청평사 길목에서	90
봄비	92

7 문패

숨소리	94
문패	96
큰애야	98
세월	99
아버지의 봄	100
겨울나기	102
그날들	103
수건 한 장	104
아버지	106
대를 잇다	108
하루하루 쌓인 겹	110

8 비움으로

같이 놀지 마	112
한 줄기 빛 속으로	114
적조赤潮	116
7일간의 여행	118
현실로 산다는 것	120
비움으로	122
끼니	124

9 끈

남도 장터에서는	126
짝으로 만나	128
아내	129
끈	130
그대	132
나도 따라가오	134
생존	135
내 새끼	136
우리가 사는 세상	138
동창同窓	139
솜 꽃	140

1 숨,

잉태는 산고와 싸워
붉은 피 떼어 주는
가녀린 고통 덩어리

삶과 현실

겨울 녹이는 봄바람에도
긴 숨 삼키는 발걸음
갈 수 있어도 가지 못하고
할 수 있어도 할 수 없는
후회도 미련도 내가
이 땅에 남겨진 기억
지친 몸을 어디에
새벽이 끝난다
어떻게 살아왔는가

긴 가뭄 해갈 소식에도
한숨짓는 발걸음
슬퍼서 살아야 했고
슬퍼도 살아야 하고
믿음도 약속도 내가
이 세상 다녀간 기억
삶의 끝을 어디에
아침이 시작한다
어떻게 살아야 하는가

또
하루가 시작하는구나
삶과 현실 사이
홀로 가야 할 소중한 하루가
내일을 기대하며

숨만큼만

목으로 숨을
쉬느냐, 쉬지 못하느냐
삶과 죽음이 갈라진다
숨, 살아있는 힘이다

숨 잊은 듯
쓸데없는 것들에 정신 팔려
숨 멎을 듯 부리는 욕심
과하면 죽음이다

오늘도
숨만큼만
욕심내지 말고 살자

해루질

보름사리, 밤바다
수색병의 두 눈이 되어
랜턴 빛이 떨어진 곳을 겨냥하면
박하지, 소라, 해삼, 낙지가 표적이 된다

박하지 거센 저항에
집게발로 한 방 물리고

돌 틈 작은 구멍에서
긴 다리 내밀고 휘 휘 거리는 낙지
탕 탕 탕해서 참기름 샤워

한 손에서 벗어나는
왕 해삼
꼬들꼬들한 식감으로

푸짐한 중독에
오늘도 헤맨다
바닷물이 발목을 넘은 줄 모르고

오월 바람

감미로운 바람결
목덜미를 핥고
발목쟁이를 훑으면

밤새 시끌시끌하던 논
지쳐 잠들었는지
햇살 투정 부리고

윤슬
명주바람에 소곤소곤
오월을 나눈다.

때죽나무
하얀 종 매달고
다글다글 수다스럽고

청보리밭을 건너온 바람
한들한들 시절을 기억하며
논두렁에 앉아 어리광 떤다.

숨

만선의 꿈은
파도와 싸워
푸짐한 어획량에
검고 굵은 팔뚝은 꿈틀꿈틀

풍요의 수확은
거친 비바람과 싸워
거둠으로 감사하며
깊게 팬 주름에 빙긋한 미소가

자손의 잉태는
산고와 싸워
붉은 피 떼어 주는
가녀린 고통 덩어리로

내가 나를 모를 때

눈앞에 시간이
한순간 정전되어
까맣게 멈춰도
두려워 말라
잠시
눈을 감고 기다리면
주위가 희뿌옇게 다가오듯
나의 시간은 기다렸다는 듯이
조금씩, 조금씩
나를 맞이할 것이다

세상에 모든 시간이 나를 밀어내
내가 멈춤에 붙들려 있어도
조금만 기다려 보자
그간 안 들리던 소리가
밝은 얼굴로 다가와
환한 미소 띨 것이니
나의 시간이
나를 찾을 때까지

아주 조금만
조금만 기다려 보자

애월涯月

달빛
물을 만나
녹아 들어가면
두 다리
달빛에 담그고
세상 군더더기
씻어 보내려니
두 다리에 매달린
당신을 향한 그리움
애원의 눈빛으로
시린 가슴 부여잡고
서쪽으로, 서쪽으로
하얀 달빛 쫓아
오늘도
강을 건너고 있다.

헌책, 말을 걸다

책 속에 간직한 누군가의 추억
뽀르르 속삭이는 빛바랜 볼펜 글씨
그 시절 어디에 있냐고

책 속에 간직한 누군가의 냄새
살포시 다가오는 메마른 단풍잎
그 시절 어디 갔냐고

책 속에 간직한 누군가의 흔적
접힌 자국 꼼지락하며 아는 체
그 시절 그랬다고

책 속에 간직한 누군가의 비밀
반으로 접은 구화폐 오백 원
그 시절 말을 건다.

2 첫 버스

내 꿈을 싣고 달릴 새벽
첫 버스
학교로. 장터로. 내일로.

늙은 탄부炭夫의 봄

새하얀 홑청에 탄炭가루를 뿌린 걸까
찌든 작업복에 락스를 쏟은 걸까
하얀 눈과 검은 탄炭에 어우러진 연둣빛
뾰족한 강인함
고개 숙인 불쌍함

울퉁불퉁 근육질이 시커먼 탄炭가루와 춤출 때
춘심이네 젓가락 장단은
양은 주전자를 찌그러트리며
허구한 날 돼지 멱따는 소리로
시커먼 몸뚱이를 위로할 때가….

골 깊은 주름살 속 닦이지 않는 검은 선
움푹 파인 퀭한 눈으로
탄炭 차에 실어 보낸다
탄炭 국물 줄줄 흐르는 겨울을
동해로…
삼척으로…

나의 봄

2월 끝자락
솜사탕 같은 매화꽃
봄기운 가득한
섬진강 강바람에 실어
여수발 우등열차 타고
지금쯤,
대전역
가락국수 한 그릇 말아 먹고
얼른 와라
찻잔 속에 띄워 놓고
내 봄을 맞이하게.

술참

개골개골 귀청 따갑게 울어대도
꿈속 눈꺼풀에 붙들린
시래기죽 한 사발
아이들 뱃고래는 잠 못 이루고

악악, 쌀독 악쓰는 소리에
부뚜막 옹기 뽁, 뽁 주정 부리면
아버지의 봄살이로
꺼칠어져 가는 엄니의 손

허기진 배미마다
꿀꺽꿀꺽 목 넘김
한 사발에 배부르고
한 사발에 힘 솟으니

논두렁 밭두렁 보릿고개
새콤달콤 무쳐낸 연녹별
넘실대는 봄결 안주 삼아
한해살이 뱃심 거든다.

첫 버스

첫 버스
내 꿈을 싣고 달릴 새벽 첫 버스
학교로.
장터로…
새초롬한 학생들
골 깊은 주름, 할머니
파릇한 젊음
연륜이 넘쳐나는 생명

새벽 첫 버스
산골 마을 이곳저곳
기웃기웃 고개 내밀고
굽이굽이 고갯길을 돌면
어지러움에 피곤함에
꾸벅꾸벅
흔들흔들
대처다, 학교다, 장터다

봄날

어제
햇볕이 싫어 그늘로
온몸은 후끈후끈
이마는 땀방울이 송골송골
바람이 그렇게 고마운지
아직도 입고 있는 내복
후회스럽다
원망스럽다

오늘
햇볕이 그리워 볕으로
하체는 스산하고
잔뜩 웅크린 몸, 얼굴엔 주름 가득
바람도 이렇게 차가운지
왜 벗었을까 내복을
후회스럽다
원망스럽다

잃어버린 시간

더듬더듬, 김 서린 안경으로
조심조심 소리가 그리워
어찌할 수가 없다
어떡하면 좋을까
어이가 상실된 시간이구나

웃어도 보고 울어도 보고
겉과 속으로 참고 참아내었는데
창밖, 손 내민 햇살이 당황스러워

머문 자리 두려워
나눈 자리 혹시나
삼시세끼 떠먹는 외로움으로
채워지지 않는 나눔
연결이 상실된 시간이구나

마스크 속에서 마주하던
너 그리고 나, 우리
그랬구나! 그랬어

우리 다시

다시 보기 위해
다시 만나기 위해
조금만 더 조금만 더
시련과 환란을 이겨내고
멈춘 세상 작은 숨결로
참고 견디어 보아요

두려운 시간은 잠시
고통스러운 날은 잠시
무서운 마음은 잠시
서로를 다독이고 보듬으며
멀어진 거리는 마음으로 이어
우리 다시 시작해요

바람이 분다
힘든 마음 식히며
애타는 가슴 꾹꾹 눌러
잠시 멈추고
일상에서 만나요

새싹

나뭇잎들이 죽는다
예쁘게 예쁘게
할 일 다했다고 죽는다
더디게 내려오는 햇빛 속으로

하늘 나비 훨훨
다 내어주고 덮는다
죽은 나뭇잎 위로
하얗게 하얗게

해가 좋다
죽은 나뭇잎 위로 속삭이는 햇발이
해가 좋다
하늘 나비 위로 떨어지는 햇살이

하늘 나비 죽는다
나뭇잎 되어
말갛게 말갛게
또 하나의 길을 열기 위해

3 지게

내 인생의 짐

어깨 위에 짊어져 본다

작대기 하나 믿고

세우지 못한 두 다리

아지매

싱싱한 다툼으로 열리는 새벽
우렁찬 소리는 좌판으로 넘치며
비린내 비비는 억척스러운 나날
널빤지 하나 걸쳐둔 판떼기 아지매

골목골목 아침 깨우는 걸음
잠결, 들렸다가 멀어지는
양동이 머리에 이고 구불구불
아침상으로 마주하는 걸쭉한 아지매

열기 두들기는 한낮 공포 소리
거죽에 들러붙은 바다의 고통으로
잃어가는 청력만큼 커가는 자식
흐르는 땀방울로 녹 떨어내는 아지매

밑반찬 한 가지씩으로 나누는 밥상
세월 말아 눈물 삼키는 입술
자갈치, 재첩국, 깡깡이 아지매
포기하지 않는 삶, 부산에 있다.

몽당연필

내 살 깎고 깎아

한 줄, 한 줄
써 내려간다, 아내에게
한 줄, 한 줄
써 내려간다, 아들에게
한 줄, 한 줄
써 내려간다, 딸에게

이젠
몽당연필이 된
나.

지게

내 인생의 짐
어깨 위에 짊어져 본다

큰아이
첫 울음소리 한 짐
맡긴 마음
대못질 되어 한 짐
사별한 부친
응어리져 한 짐
아내의 콧소리
봄 향기 실려 한 짐

세우지 못한 두 다리
작대기 하나 믿고
두 손 모아 무릎 펴니
양어깨 누르는 삶이
눈물 나는 고역

허울 속에 짊어진 짐

한 걸음도 못 딛고

풀썩…

당신의 이름은

제 몸 헐어 지어낸 한 줌 한 줌
못다 준 아쉬움에 새우잠 허리 세워
애정과 응원으로 쏟아내던 잔소리
눈시울 벌겋게 고이는 허기
부딪쳐도 넘어져도
쓸어내리고 털어내고 닦아내는
가질 수 없는 따스한 품
부르기만 해도 먹먹해지는
그 이름은

어머니, 어디 계세요

욱신거리는 몸으로 찾아오는 외로움
메마른 가지로 찢어지는 그리움
물려줄 수 없는 몫을 부여잡고
짧고 무뚝뚝한 관심으로 힘 보태주며
시고 떫고 매운 세상
억척스럽게 살아내는
앞장선 당당하고 넓은 등

생각하기만 해도 든든해지는
그 이름은

아버지, 어디 계세요

힘들 땐

힘들 땐
한 번쯤 뒤를 돌아보자
언제 즐거웠고
무엇에 화를 냈고
누구를 사랑했고
어떤 것이 기쁨이었는지

힘들 땐
한 번쯤 뒤를 돌아보자
내가 밟고 온 길에
무엇이 눌렸는지
어떤 것들을
힘들게 했는지

힘들 땐
한 번쯤 뒤를 돌아보자
내 그림자가
무엇을 가리고 있는지
어떤 것들을

힘들게 하고 있는지

그래도

매번 승진에 누락됐는데
장사가 일주일째 공치는데
자식 놈 죽어라, 말을 안 듣는데
부도가 났는데
자격시험에 떨어졌는데
해도 해도 성적이 안 오르는데
명예퇴직자 명단에 들어 있는데
대출금에 매달 허덕이는데
상사에게 매일 핀잔 듣는데
매일 바가지 긁는 마누라 눈치보는데
폭설에 비닐하우스가 폭삭했는데
태풍에 이삭 달린 논이 수영장인데
비바람에 빨간 사과 우수수 떨어졌는데
교통사고로 팔 하나, 다리 하나를 잃었는데
월급이 두 달째 체불인데
입사 면접에서 떨어졌는데
암 진단 받았는데
여름휴가를 가 본 적이 없는데

매일 야근인데

그래도…

시간이 되었구나

거죽만 남은 몸
마지막
마른 젖으로 체온을 나누고
강아지 안고 가는 뒤를
졸졸

쫓아가야 할지
울어야 할지
아무 소리 없이 뛰어가더니

한참 지난 후 나타나
남겨진 채취를 찾아
고개를 숙인다.

슬금슬금 걷다가
멈칫, 뒤돌아보며
떠난 곳에 시선 떨구고
주저앉는다.

비쩍 마른 몸
엎드리며
껌뻑껌뻑 실눈을
할 수 없지.

오지(奧地) 여행

수평선
거기까지 가면
뚝 떨어질까
별, 달마저도 지워진 밤으로
보일 때까지 가본다
잔뜩 겁먹어
흔들리는 마음을
두 다리에 매달고
나는
파도가 된다.

지평선
거기까지 가면
발밑엔 무엇이 있을까
해가 달아나기 전에
두 눈을 부릅뜨고 가본다
가쁜 숨 토하며
앞서는 마음을
두 다리에 매달고

나는
바람이 된다.

낑낑 앓아본 사람은 안다

밤새
낑낑 앓아본 사람은 안다
뜬눈으로 머리맡을 지키는
그 누군가의 수고로움을

붉은 해가 떠오르며
지친 몸 부축해
한 걸음
미안하고 고맙다

빈방 홀로
낑낑 앓아본 사람은 안다
꼼짝달싹 못한 목타는 시간
머릿맡 생수 한 컵의 간절함을

밝아오는 휑한 방
흥건하게 젖은 어젯밤
한 걸음
간절하고 그립다

4 산딸기

속엣것 다 뱉어

알을 낳는다

앞산 뒷산 튀어다녀

마알간 산딸기를

황태 계곡

산모퉁이 돌아 눈치보는 겨울
고와서 아쉬운 용대리
졸졸졸 얼음장 밑으로 떠내려가는
흰 눈 위로 드리운 햇살 그림자
노랗게 익어가는 황태 계곡
봄기운 덧입은 바람결에
산골 마을은 기지개 켭니다

일소 쟁기질에 산골 밭은
봄에서 깨어나고
비탈마다 여린 순들 머리 내밀어
여럿이 둘러앉은 황태 계곡
입안 가득 오물오물 봄 잔치
묵은 것들에 저려 있던 몸으로
생기가 돌아다니는 봄, 향기롭다

몸부림

나, 여기 서서
암 덩어리 손에 잡고
나무야, 맑은 물아, 새야, 바람아
모깃소리만 한 기운으로
몸부림친다

식탁에서
암 덩어리 마주하고
죽 먹고, 김치 먹고, 과일 먹고, 약을 먹어
오늘은 넘기려고
몸부림친다

지금
한 걸음, 한 걸음
암 덩어리의 땅을 따먹어 간다
눈곱만큼이라도
더 살려고
몸부림친다.

지금은 그냥

젖은 머리로 버스에 오르는
우리들

우적우적 밀어넣고 일어나는
우리들

이동하면서 카톡으로 업무 보는
우리들

붙들린 일상 속
도시를 빠져나가는 길목에

구불렁 산등성이 눈으로 들어오고
넘실거리는 수평선 머리에 담기고
일렁이는 불꽃 가슴으로 안기는
여기

지금은 그냥
멍!

네가 머문 술잔

흐르는 눈물 속으로
어른거리는 술잔
너를 보내고 힘든 마음인가
뿌연 눈앞, 초승달만 깜빡깜빡

반쯤 기울인 술잔 속으로
붙들린 먹먹한 가슴
너에게 못다 한 말인가
흐느끼는 별빛만 숨죽이고

비워지지 않는 술잔 속으로
뜨거운 입김들
네가 만들어 준 추억인가
흔들흔들 애처로워

잘근잘근 미련도 후회도
씁쓰레하고 들척지근한 뒷맛
하루가 저무는 술잔 속
나를 만난다. 너를 꿈꾸는

짓밟힌 매미의 꿈

땅속 십수 년의 꿈
울창한 가로수길이 사라진다
베이고 잘리고
이곳저곳에서

헐벗은 도시에
우렁찬 매미의 울음소리
숨과 쉼이
탐욕으로 사라진다

살아있다고 한들
수시로 난도질에 이름만
편리를 좇아 상처와 흉터만
매미는 어디로 가야 하나

벌벌, 외면당하는 아픔
햇볕을 쬐고
뿌리내려야 할 가로수
매미 울음소리가 멈췄다

산딸기

연어가 돌아와 알을 낳는다
마지막 쉼터 고향에서 혼신의 힘 쏟아 알을 낳는다
속엣것 다 뱉어 알을 낳는다
마알간 산딸기를

빈 몸 되어 앞산 뒷산 튀어다녀
산딸기를 낳는다

누가 연어를 보았는가

포기를 모르고
드넓은 바다에서 살아야 할
연어들이 사라지고 있다

알을 낳기 위해 돌아갈 곳이 없어요
살찌우기 위해 살아갈 곳이 없어요

인간이 살기 위해 댐을 만들고
녹아드는 빙하에 염분이 낮아지고
강과 바다 사이에서 갈 곳이 없어
재잘거리던 연어들은 어디로 갔나

으앙으앙 연어가 운다
누가, 그 소리를 들었는가
잊혀진 울음소리
연어들이 사라지고 있다

5 길에게 길을 묻다

저녁 퇴근길 저마다의 모습들

작은 라디오 하나 소소한 행복입니다

— 배미향의 저녁 스케치, CBS

난 아프면 안 되고
난 다치면 안 되고
꿈을 꾸었는데
내일을 기다렸는데

아끼자고 꼭 쓸 만큼만 쓰자고 했다
참고 참자고 스스로 다짐도 했다
견디고 조금만 더 견디자고 했다

1원도 허투루 쓰지 않고
1초도 허투루 보내지 않고

잡아야지, 잡아야지
손끝에 만져지는 것 같은데
또 멀어지는
위선을 앞세운 세상

애써 죽 쒀서 개 줬다

*2020-11-17 편지

서울살이

서울살이가 가장 서러울 때는
이사를 위해 집을 구하러 다닐 때가
아닌가 싶습니다.

아끼고 아끼며 열심히 살아도
전셋집 하나 장만하기가 힘들 때는

이렇게 많은 집 중에 내 집 하나가 없다니…
나 자신이 마치 뿌리 없는 식물처럼 느껴지기도 하죠.

나뭇잎 두들기는 빗방울 소리에
창 열고 마주한 고향 내음
비 뿌린 아침은 산허리 휘감아 돌며
간밤, 이야기를 들려준다

빗기운에 말갛게 세수하고
터벅터벅 마을길 걸으면
나지막한 돌담으로 넘어오는
그 시절 그 소리

아침을 깨우는 우렁찬 누렁이 소리
눅눅한 빗소리에 목 축이는 닭울음
컹컹, 고픈 배 재촉하는 복실이
또르르 또르르 기왓골은 빗물 떨구고

훌쩍 커버린 눈높이로 마주하는
600년 느티나무는 그 모습 그대로
잘 왔다, 힘들지 조금만 더 참자
낯설게 살아온 어제를 다독인다.

＊2021-08-21 편지

힘들지

머리가 복잡할 때면
유년 시절의 고향집이 떠오르곤 해요.

아직도 생생한 고향 풍경은
어머니의 품처럼 포근하기만 하죠.

이미 사라져 꿈에서만 볼 수 있는 그 풍경이
시시때때로 그리워지는 걸 보니,

아무래도 요즘 많이 지치고 힘든가 봅니다.

전화기로 들려오는
술 한잔한 너의 목소리
알면서도
그래, 그래 잘했다

전화기로 들려오는
울먹이는 너의 목소리
알면서도
그래, 그래 고생했다

맞든 틀리든
싫어하든 힘들었든
홀로 서야 하기에
그래, 그래

          ＊2021-11-18 편지

홀로서기

무조건 그래, 그래,
괜찮다고 말해야 할 때가 있습니다.
그간 잘해왔고 앞으로도 잘할 거라고.
그러니 괜찮다고.
지독한 마음의 성장통을 앓고 있거나
나아가야 할 방향을 종잡을 수 없을 때,
괜찮다는 말만큼 위안이 되는 말은 없으니까요.

애들아
어제 같은 오늘이 힘들게 해도
오늘 같은 내일이 슬프게 해도
살아 있다는데 행복해하고
살아갈 수 있다는데 감사하자

애들아
밥 먹을 때 밥이 되고
차 마실 때 차가 되고
뙤약볕에 그늘이 되고
소낙비에 우산이 되어 줄게

사는 게 힘들고 고단해도
지켜야 할 자리가 있고
잘하는 것이 있단다
저마다 애쓴 시간 모아
웃자, 둥근 상 저녁에는….

* 2022-06-18 편지

둥근 상

힘든 하루를 보내고 앉은 저녁식사 자리.
흔하디흔한 집밥 한술에
응어리진 마음이 사르르 녹습니다.
시시콜콜한 이야기들이 오갈 뿐이지만
그 속엔 언제나 뒤에 있겠다는 무언의 응원이 있지요.
그래요. 저녁 상 앞에선 그냥 동글동글 웃어요.
정으로 똘똘 뭉친 든든한 내편들이 거기 있으니까.

새벽 4시
밥을 먹는다
저녁인가, 아침인가

헝클어진 시간 속 견뎌낸 후회
슬금슬금 허물어진 모습으로
밥을 먹는다, 자야겠다

엉켜버린 시간 속 잃어버린 설렘
살금살금 게슴츠레한 눈으로
밥을 먹는다, 그래 해보자

새벽 4시
거부할 수 없는 오늘을 먹는다
끝이 아닌 시작을, 이겨낼 힘으로

*2022-08-19 편지

새벽 4시

해거름 무렵과는 또 다른
동틀 무렵의 개와 늑대의 시간.
새벽녘엔 일찍이 하루를 시작하는 사람들과
밤새 일터에서 사투를 벌인 사람들의
고단함이 공존하죠.
처음인지 마지막인지 구분되지 않는 식사를 하고
출근길인지 퇴근길인지 모를 길 위에 선 사람들.
하지만 늘 그랬듯 최선을 다했고,
또 최선을 다할 그 모든 하루에
응원의 박수를 보냅니다.

때로는 경쟁자로
때로는 동료로
한곳을 바라보며

한때는 빼앗고
한때는 빼앗기고
한때는 나누고

같은 마음 다른 생각으로
흔들리고 헷갈리며
다치고 병들고 상처 주고 흉 지고
마음의 짐으로 남았구나

서로의 길을 걷는 지금
갇힌 기억 속으로
어루만지지도 못하던 시절이

잘 있겠지

＊2022-11-05 편지

잘 있겠지

둘도 없던 사이가 남이 되고
다시는 보지 않겠다고 다짐했는데,
시간이란 게 뭔지
이따금씩 잊었던 사람들이 떠오릅니다.
상처가 돼 가슴에 응어리로 남았지만
지나고 보니 별것 아니었던 일들.
나름의 이유가 있었을 거라고
그땐 왜 헤아려 주지 못했을까.
어디선가 행복하기를,
그저 잘 지내기를 바라봅니다.

비바람 치는 날
무수히 찍은 물음표들
수 없이 넘어지면서도
견디고, 견디고 이겨내니
새소리 바람 소리
햇살 속삭임에 걷히는 어둠
그래 지금부터다

손톱 밑 벌겋게 버둥거리며
떠날 것은 보내고 머물 것은 남기니
숨, 조금씩 조금씩
놓고 싶은 마음에서 일어난다

흔들리는 대로 정처 없이
한 가닥 지푸라기마저 가슴 태우는
숨기고 움켜쥔 고단 속에서
잃어버린 길을 찾아
제 몫을 견디며 온전하게 비우니
스멀스멀 피어나는 여유
그래 지금부터다

* 2023-04-03 편지

지금부터다

한 번이라도
쓰러져 본 사람은 압니다.
다시 일어서는 것이
얼마나 어렵고 용기가 필요한 일인지.
한 번이라도 모든 것을 잃어 본 사람은 압니다.
다시 제자리를 찾기까지
얼마나 오랜 시간이 걸리는지.
하지만 더 나은 방법을 찾지 못해
결국 다시, 다시⋯ 주문을 외며 일어나지요.
그래요. 힘들지만 우리,
지금부터 다시 시작해 봐요.

6 헐렁해서 좋은 날

큰길에서 작은 길로 서두를 것 없는
나그넷길

비 그리고 나

눈을 감고
손바닥 위로 떨어지는 빗방울을 느껴본다
누구는 역한 삶의 고뇌를
누구는 헤어짐의 눈물을
누구는 궁핍의 서러움을
누구는 애잔한 추억을
빗방울이
떼구루루 굴러떨어진다.

눈을 감고
창문에 부딪히는 빗소리를 들어 본다
누구는 분노에 울부짖고
누구는 사랑을 노래하고
누구는 원망에 몸부림치고
누구는 달콤한 추억을 기억하네
빗소리가
투두둑투두둑 연주한다.

눈을 감고

몸을 휘감는 비 냄새를 찾아본다
누구는 고난의 역한 입냄새를
누구는 연인의 살 내음을
누구는 삶의 땀냄새를
누구는 묻어오는 꽃향기를
비 냄새가
스멀스멀 배어든다.

살아온 길인데

태양의 울림 속
뜨거운 여름을 걸어온
아금바르게 불그레한 밤송이
뒤따라오는 것과
앞서가는 것 사이
바빠진 나이테
조금만 더 참아 달라고
그게 살아온 길이라고

간밤, 맹렬히 내린 비
가을을 재촉하더니
툴툴 발끝에 차이는 밤송이
못 하고 온 일과
안 하고 온 일 사이
구겨진 나이테
조금만 더 기다려 달라고
그게 살아온 길이라고

경쟁, 나태, 허무, 산만, 욕구

잃음의 그 끝에 서 있는
낯선 나를 꼬옥 끌어안는다.

가을비, 재즈 속으로

네가 머물던 자리
벌게진 가을볕 아래
살 트는 외로운 작은 어깨

추억처럼 흩날리는 목소리는
빛바랜 이파리 떨구며
아픈 가을로 흐르고

문득, 떠오르는 너의 모습
산허리 감싸 흐르며
허기진 가을비에 벌벌

뜨거운 햇살에 상처 난 그리움
스산하고 뜨막한 가로등 아래
추적추적 재즈 속으로 젖어든다

훨훨, 빗속을

비가 온다, 부슬부슬
눈 감으면 스며드는 소리
메마른 마음이 젖는다
잠이 온다, 꿈을 꾼다

긴 장대 꼭대기 도시의 어귀에서
꿈과 나 사이를 훨훨
비가 만들어 주는 새가 있다
지금의 내가 아닌 다른 나로

허물어진 몸
지치고 축축한 자리
비에 젖은 새가 있다
땀에 젖은 내가 있다

간다, 간다, 날아간다
흠뻑 젖은 날갯짓
힘겹게 떨구는 빗물
눈이 떠진다, 훨훨

그대가 있어

돌아선 발걸음
세월 가는 대로 무너져야 하나
반짝반짝 빛나고 있을
그대가 있어 행복했던 날들
달빛 흘러 강이 되어
슬픈 바람 감싸 안으며
환하게 미소 짓는 그대 모습
그대 떠난 이 밤 흘러 흘러
그대 곁으로

지울 수 없는 상처
세월 가는 대로 남겨져야 하나
너울너울 추고 있을
그대가 있어 소중했던 날들
별빛 스며 바다 되어
지친 바람에 내려앉아
살포시 기대 올 그대 모습
그대 떠난 이 밤 흘러 흘러
그대 곁으로

친구여

뛰지 않으면 뒤처지고
머물면 낙오자인가
바쁠 뿐
열지 못하고 잡지 못하고

이보게, 친구여
숨 좀 돌리세
잠시만 만나보세

어스름에 묻히고 있는 저수지 건너편
고향 마을
슬레이트 지붕 굴뚝으로 빠져나온 연기
고요히, 느리게 풀어내는…

잠시 짬을 내어보세
오롯이 나 자신을 돌아보세
친구여, 우린 살아 있네.

헐렁해서 좋은 날

느슨한 옷 사이로
솔향, 온몸을 다독이며
이 눈 저 눈
해도 많은 눈 맞이에

무너진 구두 뒤축
털버덕털버덕
흙 내음 쫓는
헐렁해서 좋은 하루

마음도 비우고
정신도 비우니
세상이 손짓하며
반갑게 맞이하고

큰길에서 작은 길로
나그넷길 된
헐렁해서 좋은 날

청평사 길목에서

햇살과 안개를 품은 숲
물은 숲을 그리고
이슬 맺은 풀은
햇살을 먹어 방울방울
나무 사이로 불어오는 바람에
잠을 부르는 나
영원한 안식처 숲으로

해 질 녘 숲은 한기를 품고
오싹하게 다가와
어둠으로
나를 삼킨다.
스쳐 가는 숲 것들의 내음은
낙엽 되어 나를 묻는다
영원한 안식처 숲으로

봄비

부슬부슬
시새워 벙글어진
꽃 뜰 위로

촉촉
보리밭 푸르른 잎새
달콤한 입맞춤을

밤손님처럼 다녀간
설렘
실개천 부풀면

방울방울
애달픈 기억 매달리는
뿌연 창

스르르 창 열면
헐거워진 마음
시나브로 채워간다,

7 문패

버티다가, 버티다가

있는 듯 없는 듯

오늘도 떠돈다

숨소리

물이 나간다
숨소리가 들린다
뽀글뽀글 짠물 뱉어내는 소리가
살아야 할 다짐을 내뱉는 소리가
아버지의 숨소리가 들린다
다음 물때를 기다리며 숨 고르는
거친 숨소리가 삶의 끈 늘어뜨린다

질펀한 소리로 빚어낸 가쁜 소리로
숨으로 이어온 아버지의 거친 소리로
갯벌이 숨쉰다

물이 들어온다
숨소리가 들린다
웃음 끝에 묻어나는 애환이
애달픈 마음이 바다로 흘러 들어가는
아버지의 숨소리가 들린다
생명이 움직인다, 가쁜 숨 쉬며
들이킨다, 다시

문패

떡 벌어진 어깨는 어디로
힘겹게 버티고 선 초라한 어깨
나이란 무게를 짊어진
일에 바친 육신 다가가니 왕따
버티다가, 버티다가
있는 듯 없는 듯, 오늘도 떠돈다

웃음 띤 허울에 그늘이 묻어나는 얼굴
옛 내가 발견되면 화장해 얼른 피하고
도처에 뿌려지는 쓸쓸함이
하루하루 잃어 가는 건강, 돈, 일, 친구, 꿈
권위는 잃고 책임만 남은 수컷으로
있는 듯 없는 듯, 오늘도 떠돈다

언제 정리될지 모르는 시기
영혼을 내놓고 일해도
마음 터놓고 오가지 못하는 대화
일에 바친 청춘 다가가니 가족은 없다
끝까지 짊어질 의무감에 떨며

있는 듯 없는 듯, 오늘도 떠돈다

잠자리 주도권 잃은 지 오래
아내와의 마찰, 자녀와의 단절, 과도한 책임감
가슴에 콱 박혀 쓸쓸함을 부채질해도
아내 눈초리에 움찔
설거지는 저절로…
있는 듯 없는 듯, 오늘도 떠돈다.

큰애야

타닥타닥, 몸 사르는 깻대
고소한 소리로
해그늘 달래던 날
깻묵 손으로 한 사발 막걸리
나뭇잎 떨어지는 소리에
문풍지 울며, 큰애야

깻대 몸으로 쿨럭쿨럭
부유스름한 새벽빛에 보리밥 한 술
삐그덕 대문 열리며
귓가, 목소리 맴돌 때마다
머리의 눈이 떠지고
가슴의 눈이 떠지고

향불 피워 만나는
빛바랜 사진 속 마주하는 눈
아버지는 주름진 시간을 열고
오늘도, 큰애야

세월

주름 위로
해가 뜨고

주름 아래로
해가 진다

잔주름 파도는
눈가에 머물고
노을 진 얼굴엔
잔물결
출렁출렁

골 깊은 주름으로
세월이 거닌다.

아버지의 봄

물기 마른 손바닥에 올려놓은
가을걷이 몇 알
뱃속 깊숙이 토해내는 한숨
텅 빈 외로움 쭉정이구나

한여름 흠뻑 뿌린 땀방울
발걸음 재촉했던 장맛비
쳐다보기도 싫었던 논으로
한 꺼풀 한 꺼풀 벗겨지는 겨울 흔적

슬금슬금 기어드는 볕 따라
삐죽삐죽 고개 내민 푸름 위로
재잘재잘 웃음꽃 가슴속으로 안기며
탈탈탈, 가래 뱉어내는 경운기

거죽만 남은 작은 논밭엔
발걸음에 붙들린 원망과 기대
홀로 선 자리 돌아서며, 그래
허리 편 들녘 위로 눈 걸음 바쁘다.

겨울나기

파르스름한
생명줄
활활 벌겋게 태워

허옇게 사윈
텅 빈 가슴
재만 남았네

불씨야, 불씨야
견디어라
다시 피어나라

말갛게 번져 오는 동창
기지개 켜는 햇살에
봄이 묻어올 때까지

그날들

마음에 짐을 지고
오늘을 걸어가니
속이 어지럽다
어제 일이
자고 나면
추억이 되어야 하는데
쌓이는 한, 내 탓인가
흰 머리카락만 빈 바람에 흐느끼고

싸구려 더미
꼭꼭 저민 가슴
값없이 지나온 나날들
바보처럼 살아온 날들
그날의 기억을 따라가는
삶의 뿌리를 잊은 날
뒤돌아본 세월인가
한숨만 들락날락

수건 한 장

꿈을 품어라
큰 꿈을 꾸어라
어둑한 날 해가 되어줄게

거칠은 이마에
송굿하게 솟아낸 진땀
깊어진 주름골 넘쳐나도
마른 웃음 짓던 아버지

험한 산길
후들거리는 발걸음 가늠해
나뭇짐 부려놓고
마른 허리 세우던 아버지

목에 걸친
축축하게 바랜 수건 한 장
오늘도 허투루 살지 않았다고
앓는 소리 목젖 넘지 못하던 아버지

어둑한 날
뚜벅뚜벅 널따란 등 앞세워
아버지는 해가 되었다.

아버지

옹기종기 둘러앉은 작은 밥상
숟가락 부딪히는 소리가
주고받는 하루
어둑한 방 전등불 되어
넉넉한 웃음 나누어주는 숨

아버지
가물어선 안 되는 우물이고
무너져서는 안 되는 울타리이며
추워도 더워도 안 되는 집입니다

가슴속 눈물을 닦아내며
생존의 절벽 앞에 주저앉은 긴 한숨
술기운으로 버텨온 새벽길
담배 연기 따라가는 눈물로
세월의 불꽃에 익은 거뭇한 얼굴

아버지
책임과 의무를 짊어지고

눈 쌓인 밤길도 뙤약볕 오르막길도
투정 없이 걸어갑니다, 오늘도

대를 잇다

툴툴 털고 일어나는 아침
어둠에 붙들린 하늘은
지난밤 어둠을
굵은 빗줄기로 떨군다

하천 기슭 무허가 구덩이
물총새를 샘낼 겨를 없이
물은 가슴팍까지 차올랐지만
어미로 산다는 것이
제 몸 한두 번 터는 것으로
악을 물고 비와 싸우며
알을 품는다

큰비에 대가 끊길까
제 몸 덮어
오늘을 지킨다.

하루하루 쌓인 겹

그곳엔 아버지가 계신다
늘 그곳에 계신다
멍투성이 속과 겉
한밤중 신음 삼키며

비쩍 마른 지게 옆에
비스듬히 누운 작대기가 되어
비바람에 빼앗기고
눈보라에 나누어주고

허옇게 뒤집어쓴 세월
게슴츠레 낀 세월
아버지 안에 아버지가 없다고
단 하루도 아버지로 살지 못한

하루하루 쌓인 겹으로
나이테 되어 온 아버지
지게, 그 옆에 서니
아버지가 되어 긴 그림자 남는다.

8 비움으로

아파하지도

힘들어하지도 말고

욕심도 미련도

다 내려놓아요

같이 놀지 마

같이 놀지 마
제네 집 103동이래
방은 2개라 할머니랑 같이 자고
동생은 엄마하고 잔데
화장실도 하나
침대도 없고
비데가 뭔지 모른대

제랑
같이 놀지 마

어른의 모습으로
누군 반짝이고 누군 칙칙하고
이곳저곳 메마른 소리에
쭈뼛쭈뼛 스러지는
약하디약한 어린잎들
끼리끼리 퍼붓고 따돌리고
빨갛게 파랗게 물든 마음

애들아,
서로를 생각하렴, 가을볕에

한 줄기 빛 속으로

내게로 온 너의 삶이
발길 재촉하는 저녁
볼멘 목구멍으로 막걸리 한 사발
벌건 눈으로 견뎌내고

박명 속 거리
지친 걸음 숨죽여
한 줄기 빛 속으로
가로등 하나둘 깨우며 들어간다

내게로 온 너의 죽음이
슬픔으로 피어나는 새벽
서글픈 목 넘김에 찬밥 한 덩이
시린 뱃속으로 참아내고

박명 속 거리
외로운 미소
한 줄기 빛 속으로
가로등 하나둘 재우며 나선다

적조赤潮

상한 것을 먹였나
온몸이 벌게지고
뱃속이 꾸르륵 꾸르륵
여기저기 쑤시고 아프다

속엣것 다 게워냈는데
맹물만 먹여도 설사라
딸린 식구가 얼마인데
속상하고 화가 난다

원망 섞은 굵은 눈물
아픈 바다에 뿌리며
몸부림쳐 통곡해도
온몸을 휘감는 죽음

벌건 물 부여잡듯
한 움큼 떠
뱉지 못한 한 섞으니
응어리진 마음에 부서지는 벌건 파도

고개 숙여 원망하고
고개 들어 한탄해 보지만
죽음에 눈맞춤을
제 손으로 보내려

내 살점 도려낸
바다가 아프니
벌겋게 죽고

7일간의 여행

어둠 속 모진 세월 보내고
허락받은 짧디짧은 날
끝은 또 다른 시작이다
맴 맴 메에 엠

오직 혼자의 힘으로
시련과 차별은 강하게 만들고
조롱도 위협도 순간일 뿐
할 수 있다고 해야 한다고

잠시 머물다 가야 하는 지금
이겨야 한다, 견뎌야 한다
두고 가지 말고 남겨야 한다고
맴 맴 메에 엠

현실로 산다는 것

우린 모두
개다
소수의 인간을 위한
개다

나를 선택해 달라고
나를 사랑해 달라고
나를 먹여 달라고
나를 키워 달라고

주인의 눈이고
주인의 귀고
주인의 코고
주인의 입이고

인간이 만든 울타리에서
인간이 될 수 없다
인간인 줄 착각을 할 뿐

멍멍, 끙끙, 워워,
캐 갱 켕, 월 월, 워 왕왕

아프다, 싫다
외롭다, 괴롭다

우리도
감정이 있다.

비움으로

누렇게 마른 갈대들의
몸 부딪히는 소리를 들어보라
누가 속 비었다고 할까

바람길 내어주는
갈대들의 춤사위를 보라
누가 속 비었다고 할까

바다 내음 열어주는 갈대들의
속삭임을 들어보라
누가 속 비었다고 할까

작은 새들의 합창을 품은
갈대들의 넉넉한 품을 보라
누가 속 비었다고 할까

안타깝고 서럽고 그립고 푸근한
끝자락 거기에서, 거기 어귀에서
다시 시작해요.

끼니

닫힌 마음 어떻게 열까
갇힌 마음 어떻게 열까
여기에 살아오면서도
이때 살면서도
세월에 속은 가슴속에는

숨 막히는 일상 탓일까
짓누르는 삶 때문일까
가야 하는데, 가야 하는데
한 번쯤은 들를 텐데
기다리는 그 모습에

오면 가기 바쁘고
가면 오기 힘든 발걸음

엉덩이 가벼운 햇살 쫓아
털썩 주저앉는 툇마루로
아범아, 밥 먹고 가라
한 술 떠먹이고 싶은 마음
해거름 붙든다.

9 끈

툇마루 노부부 　세월의 눈 속으로

　　먼 하늘이 들어온다

남도 장터에서는

들락날락 향기 찾아
기지개를 켜는 꿀벌들
윙윙 종아리에 달린 봄
톡 떨구면

뼈째 썬 웅어회
초고추장 조물조물
소주 한 잔에 고이는 군침
자근자근 씹으며
지난겨울 안부 나눈다

누렇게 데인 목련
무겁게 콧물 떨구고
두근두근 연분홍 벚꽃
엉엉, 꽃비 쏟아내면

한풀이 속 쓰린 방망이로
두들기고 두들기는 대갱이
양념 버무려 오물오물

막걸리 한 사발로 목 축이며
봄맞이 흥정한다

짝으로 만나

달그락달그락 밥 짓는 소리에
꼬르륵꼬르륵 장단 맞추는
잔소리에 무뚝뚝한 심성
고단하고 지친 숟가락으로
당신의 마음이 되어
소소한 일상을 삼킵니다

지금처럼 앞으로도
더 나은 내일을 위해

고단한 일상을 뒤로하고
나란히 앉아 같은 곳을 바라보며
지친 몸 아픈 마음 서로 다독여
또박또박 삶의 허기를 채워주는
당신의 마음이 되어
일상을 버티고 견딥니다

아내

잔소리꾼 아내가
야속하지만
아내는 내 거울…
자는 모습 보면서
내 탓이지 울컥
미안하고 울적해

무시당하지 않기 위해
억지도 부려 보지만
이유가 있나
나이 드니 우울하지
나도 저렇게 나이 들었나
미안하고 미안해

끈

툇마루 노부부
세월의 눈 속으로
먼 하늘이 들어온다

눈 녹아 흐르는 개울물
옹알옹알 들어오고

꺼진 아궁이 타다 남은 솔가지
회칠한 몸뚱이로 들어오고

항아리 속 우린 쪽물
눈 시리게 들어오고

장독 위 소복한 눈
경중거리는 강아지 쫓아 들어오고

임자
어느 하늘로 갈까

두 손
꼭 잡는다

그대

빗소리에 그대 목소리가 들려요
빗소리에 그대 숨소리가 들려요

속삭이듯 다가오는 빗소리
그대는 나의 마음입니다

느낌이 그립고
모습이 그리워
오늘도 빗소리에 취합니다

잠이 옵니다
꿈으로 만나는 그대는
빗소리에 취해

그대 목소리가 들려요
그대 숨소리가 들려요
님의 소리가
빗소리가

나도 따라가오

칠흑 같은 밤
보이지 않아도
그대 숨결에 묻어온
사랑
나도 따라가오

비바람에
온몸이 젖어도
그대 향기에 묻어온
사랑
나도 따라가오

눈보라에
온 세상 숨죽여도
그대 목소리에 묻어온
사랑
나도 따라가오

생존

어둠 속 구애의 노래가 사그라지면
새들은 어젯밤 꿈풀이로
조반상 설거지 소리 시끄럽다

미세한 진동을 전하는 공기에 바싹 긴장하고
죽은 듯이 미동치 않는 거미
한 번의 큰 진동에 온 힘 뻗어 마취액 쏟아부어
긴 빨대 꽂아 식사한다

며칠 만에
목구멍을 방문하는 맛있는 타액인가
이 순간이 지나면 다음은 언젠가
촉수에 걸려든
경쟁자와 싸움에 온몸의 상처를 참으며
한 방울의 타액이라도
남을세라
온 힘을 쏟는다.

내 새끼

살빛 품은 보름달
아픈 숨 삭이고
맺힌 한
이슬방울이 된다

발걸음 죽여
정화수 올리면
깊은 가슴속
파문이 전율하여
목구멍 찢어 토하는
시뻘건 핏덩이

명치끝
지그시 누르는 아픔
열 달 배앓이에
떨어져 나간 자리는
응어리로 남아
평생을 쓸어내린다.

우리가 사는 세상

저승의 물을 길어
이승을 먹여 살린다

물을 열고 들어가
삶을 갖고
물을 열고 나와
피붙이를 먹이고
물로 살찌우고
물로 족속을 늘린다

이승이 먹고 남은
찌꺼기 물로
저승은 생을 만든다.

동창同窓

중퇴한 도사리
재수, 삼수하는 침시沈柿들
학원 거리 땡감들
선생님 된 곶감
술 상무 홍시
정치한다는 연시
사회사업가 반시
선거 바람 뒤쫓는 건시乾柿

힘들고 고단한 감똘개
누구나 좋아하는 감식초
모두가 갈옷인데

허리 굽은 선배들
먹감나무장으로

세상에 우뚝 서다.

솜 꽃

까만 하늘
두 손으로
쿡
폭 폭 튀어나오는 씨
하얀 씨

한恨 품은 바람에
눈 씨가 날린다
목화솜 꽃 되어
나풀나풀
춤을 추며

솜 꽃
세상이 깨어날까
여명이 일어날까
나풀나풀
쉬쉬

아침엔 우유 한 잔
점심은 패스트푸드
저녁으로는 편의점

허기진 마음으로
들어선 텅 빈 방
손길 내미는 마이너스 통장

잡혀있는 청춘은
이별하며 사는 하루하루
이 밤, 내가 그리워 글썽거린다.

강보철 시인의 「밥은 먹었냐」

다른 사람들은 속도 모르고 철이 덜 들어서,
곱게 자라 그렇다고 쉽게 규정하지만
뭘 해도 마이너스, 아무리 노력해도
부모님보다 가난할 수밖에 없는 청춘이 가엽습니다.

한창 피어나는 꽃들처럼,
파릇파릇한 새 잎처럼 예쁠 때인데,
하루하루를 살아내는 게 아니라 버티는 청춘들.
지친 청춘들이 밥 한 끼라도 목메지 않고 먹을 수 있게
네 잘못이 아니라고, 넌 잘하고 있다고 토닥여 줘야겠습니다.

CBS 배미향의 저녁스케치

시하늘시인선 06

강보철 시집
첫 버스 머문 자리
© 강보철, 2023

초판 1쇄 발행 2023년 8월 10일

지은이 강보철
펴낸이 이은재
펴낸곳 도서출판 그루

출판등록 1983. 3. 26(제1-61호)
42452 대구광역시 남구 큰골 3길 30
TEL 053-253-7872 / FAX 053-257-7884
E-mail / guroo@guroo.co.kr

값10,000원
ISBN 978-89-8069-489-1

＊이 책의 판권은 지은이와 도서출판 그루에 있습니다.
 양측의 서면 동의 없는 무단 전재 및 복제를 금합니다.